Бр. Н. и С. Легатъ. Frères N. et S. Légat.

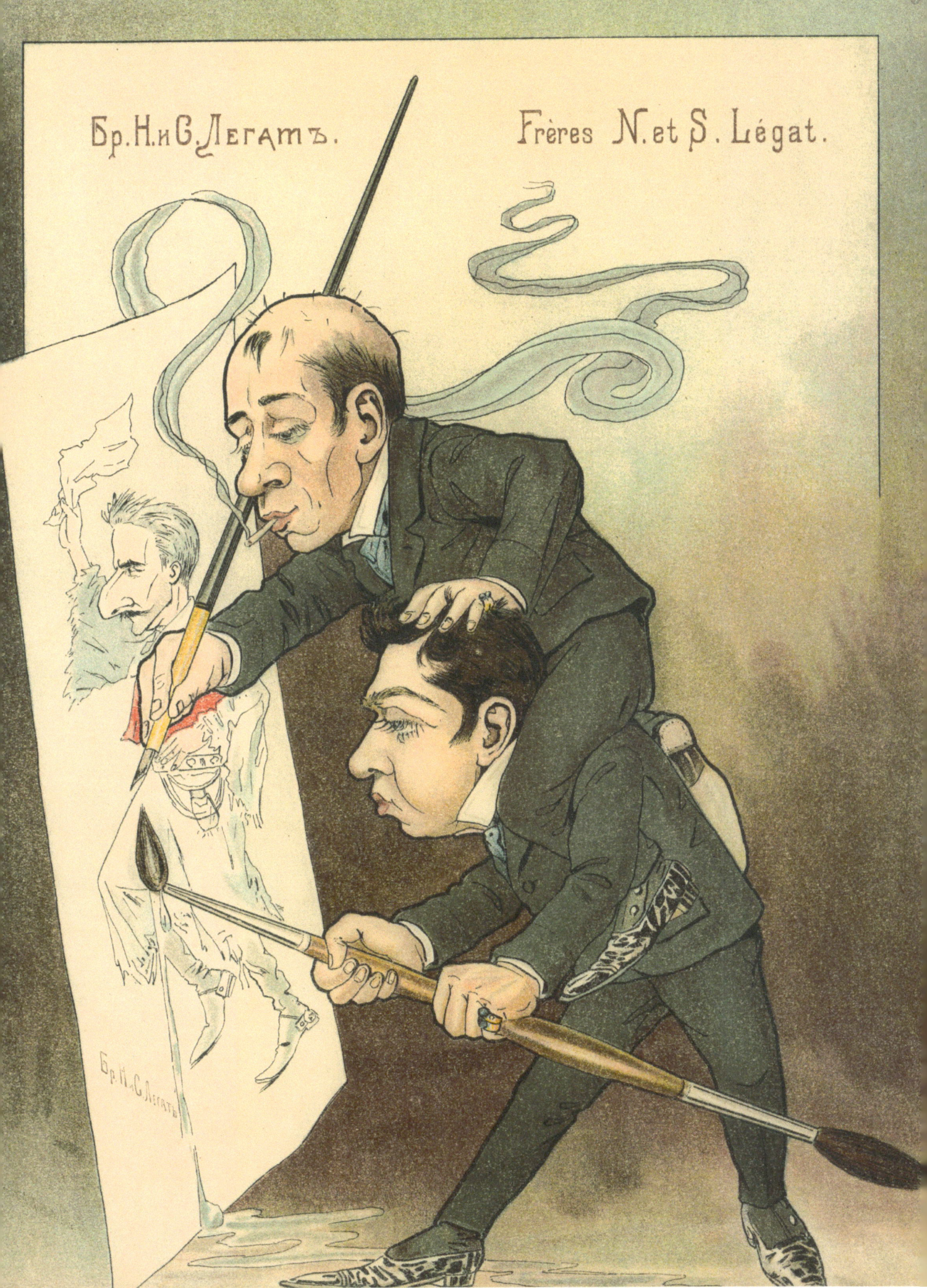

First published c. 1903

This edition published in 2021 by
The Noverre Press
Southwold House
Isington Road
Binsted
Hampshire
GU34 4PH

ISBN 978-1-914311-28-4

© 2021 The Noverre Press

Publisher's note:

The first plate in this series, of Nikolai Aistov, was originally published as a two-page vertical fold-out (to emphasise the dancer's great height) and in order to fit it into the current format it has been necessary to reduce the dimensions.

Н. С. Аистовъ.   N. AISTOW.

М. С. АЛЕКСАНДРОВЪ.   M. ALEXANDROFF.

С. К. АНДРІАНОВЪ   S. ANDRIANOFF

И. В. АСЛИНЪ   I. ASLINE

С. А. АСТАФЬЕВА   S. ASTAPHIEVE

Л. С. АУЭРЪ   L. AOUER

Н. А. БАКЕРКИНА N. BAKERKINA.

А. Ф. БЕКЕФИ.   A. BEKEFY.

Л. А. БОРХАРДТЪ. L. BORHARDT.

А. Д. Булгаковъ   A. BOULGAKOFF

Н. А. БЕРГЕРЪ.

N BERGUER

Э. Ц. ЧЕКЕТТИ.　　　　E. TCHEKETTI.

М. ЧЕКЕТТИ. M. TCHEKETTI.

А. И. ЧЕКРЫГИНЪ A. TCHEKRIGIN

Т. И. ЧЕРНЯВСКАЯ. T. TCHERNIAVSKY.

О. С. ЧУМАКОВА.   O. TCHOUMAKOWA.

И. Н. ХЛЮСТИНЪ.　　　　　　　　I. KLOUSTINE.

П. А. КОНСТАНТИНОВЪ   P. CONSTANTINOW

А. КОППИНИ.　　　　　　　　А. COPPINI.

И. К. ДЕ-ЛАЗАРИ.	I. DE-LAZARI.

Р. Е. ДРИГО.　　　　　R. DRIGO.

Е. П. ЭДУАРДОВА   E. EDOUARDOWA

Л. Н. ЕГОРОВА.   L. EGOROWA.

М. М. ФОКИНЪ. M. FOKIN

А. И. ФОНАРЕВА.   A. FONAREVA.

Н. Л. ГАВЛИКОВСКІЙ. N. GAWLIKOWSKI.

Е. В. ГЕЛЬЦЕРЪ   E. HOELTZER

П. А. ГЕРДТЪ.　　　　　P. GERDT.

Е. И. ГОНЧАРОВА.   E. GONTCHAROWA.

А. А. ГОРСКІЙ A. GORSKY

Г. ГРИМАЛЬДИ.   HENRIETTE GRIMALDI.

С. Ф. ГИЛЛЕРДТЪ   S. HILLERT

Л. И. ИВАНОВЪ.　　　　L. IVANOFF.

А. Х. ІОГАНСОНЪ.   A. JOHANSON.

Х. П. ІОГАНСОНЪ.　　　　　　　　　　　H. JOHANSON.

И. О. КАФИ I. KAFFY.

А. М. КАМЫШЕВЪ   A. KAMICHEW

Т. П. КАРСАВИНА   T. KARSAVINA

Т. Н. КАСАТКИНА   T. KASSATKINA.

Г. Г. КЯКШТЪ								G. KIAKSCHT

Л. Г. КЯКШТЪ   L. KJAKCHT

М. Д. КОНЕЦКАЯ   M. KONETSKAJA

К. М. КУЛИЧЕВСКАЯ.   K. KOULITCHEVSKY.

Е. А. КУСКОВА   E. KOUSKOWA.

М. Ф. КШЕСИНСКАЯ.   M. KCHÉCINSKAJA.

Ф. И. КШЕСИНСКІЙ.   F. KCHÉCINSKY.

І. Ф. КШЕСИНСКІЙ ІІ   I. KCHESINSKY. II

Е. Г. ЛЕЕРЪ.　　　　　　　　　　E. LÉER.

Е. Г. ЛЕГАТЪ　　　　　　　　　　　　　　　E. LEGAT

НИКОЛАЙ ЛЕГАТЪ   NICOLAS LEGAT

СЕРГѢЙ ЛЕГАТЪ　　　SERGE LEGAT

П. О. ЛЕНЬЯНИ.   PIERINA LEGNANI.

О. Н. ЛЕОНОВА. O. LEONOVA.

О. Ф. ЛЕВЕНСОНЪ   O. LEVENSON

Н. С. ЛИЦЪ.   N. LITZ.

Е. ЛОПУХОВА.   E. LOPOUHOWA.

С. И. ЛУКЬЯНОВЪ.　　　　　S. LOUKIANOW.

Е. А. МАКАРОВА   E. MAKAROVE

Е. В. МАХОТИНА					E. MAKHOTINA

В. И. МАСОЛОВА W. MOSOLOWA

Н. Н. МАТВѢЕВА. N. MATVÉEWA.

Л. Р. НЕСТЕРОВСКАЯ   L. NESTEROVSKAIA

М. К. ОБУХОВЪ　　　　　M. OBOUHOW

Е. К. ОБУХОВА.   E. OBOUCHOWA.

Е. А. ОФИЦЕРОВА   E. OFIZIEROVE

А. П. УРАКОВА　　　　　　　　　　A. OURAKOWA

А. П. ПАВЛОВА.   A. PAVLOWA.

В. П. ПАВЛОВА　　　　　　　　　　　　W. PAVLOWA

Г. И. ПЕДДЕРЪ   G. PEDDER

П. А. ПЕРЕЯСЛАВЦЕВЪ						P. PÉRÉIASLAWZEW.

М. М. ПЕТИПА.   M. PETIPA.

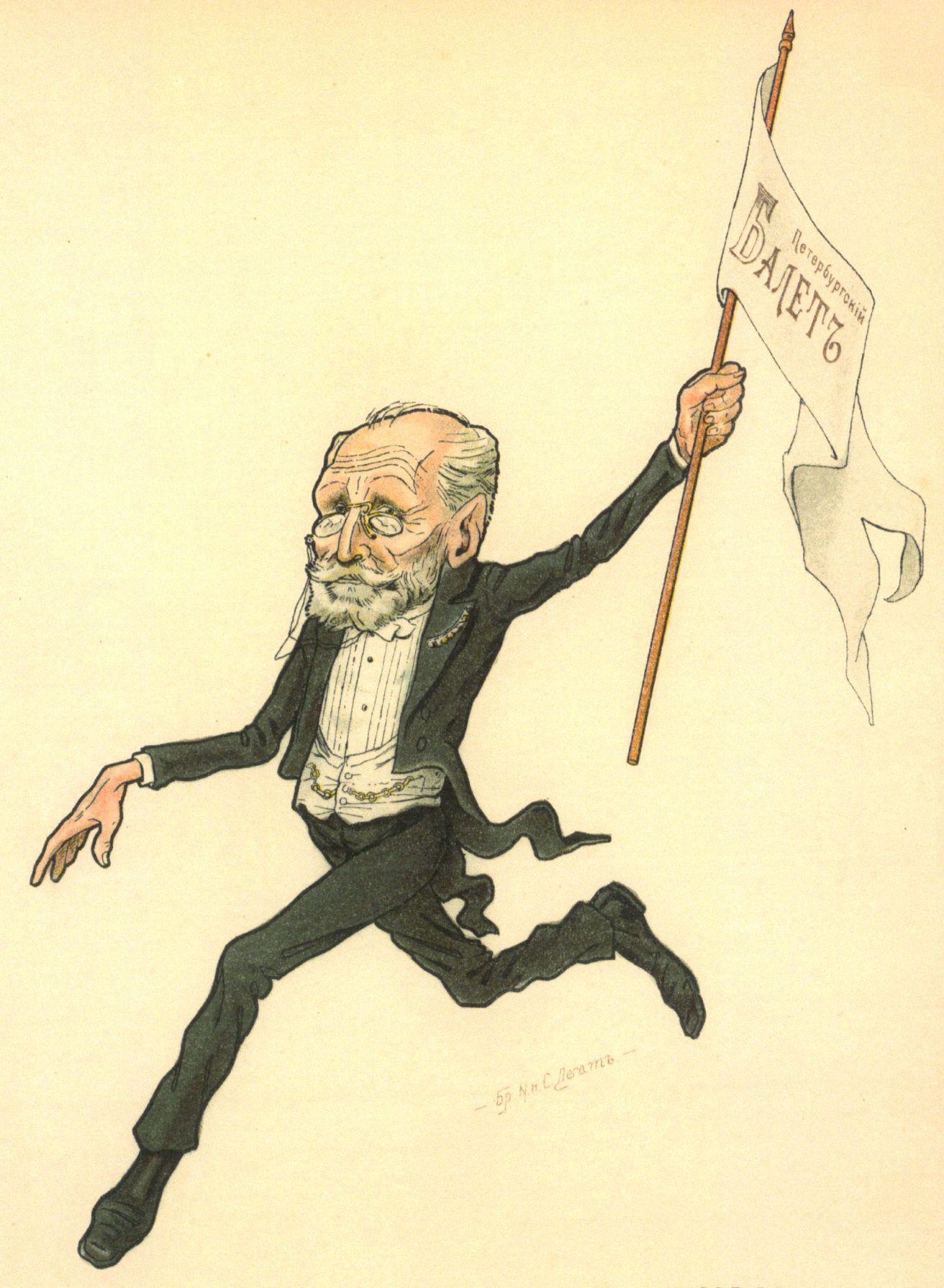

M. PETIPA.

М. И. ПЕТИПА.

Е. Д. ПОЛЯКОВА   E. POLIAKOWA

О. О. ПГЕОБРАЖЕНСКАЯ. O. PREOBRAJENSKAIA.

С. В. РѢПИНА.   S. REPINA.

В. Т. РЫХЛЯКОВА　　　　　　　　　　V. RIHLIAKOWA

О. Л. РОЗЕНФЕЛЬДЪ. O. ROSENFELDT.

Л. А. РОСЛАВЛЕВА.   L. ROSLAVLEWA

Е. Н. САЗОНОВА   E. SASONOWA

Ю. Н. СѢДОВА.　　　　　　　　　　　　　　　　J. SEDOVA.

Н. Г. СЕРГѢЕВЪ   N. SERGEIEW

А. В. ШИРЯЕВЪ A. CHIRIAEW.

А. В. СЛАНЦОВА.　　　　　　　　　　A. SLANTZOWA.

Е. П. СНѢТКОВА   E. SNETKOWA.

В. А. СОЛЯННИКОВЪ.   W. SOLIANNIKOFF.

В. Н. Стуколкинъ   B. STOUKOLKINE

М. И. ТАТАРИНОВА.   M. TATARINOWA.

В. Д. ТИХОМІРОВЪ.   W. TICHOMIROFF.

В. А. ТРЕФИЛОВА.   W. TREFILOWA.

А. Я. ВАГАНОВА.   A. WAGANOWA.

А. Г. ВАСИЛЬЕВА   A. WASSILIEWA

М. ВОЛЬФЪ-ИЗРАЕЛЬ   M. WOLF-ISRAEL

Э. А. ЦАБЕЛЬ E. ZABELLE

П. В. ЦАЛИСОНЪ   P. ZALISSON

www.ingramcontent.com/pod-product-compliance
Lightning Source LLC
Chambersburg PA
CBHW042315280426
43661CB00102B/1288